AF391030

Vente du Lundi 21 Décembre 1868

# MAGNIFIQUE

# AMEUBLEMENT

## EN ÉBÈNE ET IVOIRE

## MARBRES

## BOIS SCULPTÉS, TAPISSERIES

EXPOSITION PUBLIQUE

Le Dimanche 20 Décembre 1868

Mᵉ DELBERGUE-CORMONT
COMMISSAIRE-PRISEUR.

M. J.-M. DHIOS
EXPERT.

PARIS — 1868

**RENOU & MAULDE**

IMPRIMEURS DE LA COMPAGNIE DES COMMISSAIRES-PRISEURS

Rue de Rivoli, 144.

# CATALOGUE

D'UN MAGNIFIQUE

# AMEUBLEMENT

## EN ÉBÈNE ET IVOIRE

Composé de Meubles d'Art italiens

DUS AU TRAVAIL

## D'HABILES ARTISTES MILANAIS

TELS QUE :

Meubles de forme monumentale à trois corps, grands et petits Cabinets, Bibliothèques, Bureaux, petites Bibliothèques, Bureaux-Cabinets, Tables de milieu, Tables de jeu, petits Bureaux de dames, Glaces avec leurs consoles, Canapés, Fauteuils, Chaises.

## BOIS SCULPTÉS ET DORÉS

### QUATRE BEAUX ENCADREMENTS AVEC LEURS CONSOLES

(Époque Louis XVI)

## MARBRES

Trois Bustes de jeunes Femmes du temps de Louis XV
Très-beau Guéridon en mosaïque de Florence
Grand Lustre en bronze ciselé et doré à pendeloques
en cristal taillé
Faïences italiennes, Fers forgés, etc.

## DIX TAPISSERIES DU XVIᵉ SIÈCLE

DONT LA VENTE AUX ENCHÈRES PUBLIQUES AURA LIEU

# HOTEL DROUOT, SALLE Nᵒ 1

## Le Lundi 21 Décembre 1868, à deux heures

Mᵉ **DELBERGUE-CORMONT**, Commissaire-Priseur,
rue de Provence, 8,
Assisté de M. **DHIOS**, Expert, rue Le Peletier, 33.

### EXPOSITION PUBLIQUE

Le Dimanche 20 Décembre 1868, de 1 heure à 5 heures.

PARIS — 1868

# CONDITIONS DE LA VENTE

Elle sera faite expressément au comptant.

Les Acquéreurs paieront, en sus du prix d'adjudication.
CINQ CENTIMES PAR FRANC applicables aux frais.

# MEUBLES D'ART



1 — Très-joli Meuble à trois corps, de forme légèrement cintrée, en ébène incrusté d'ivoire et orné de statuettes, chapiteaux, vases et galeries en bronze ciselé et doré. La partie inférieure est à trois vantaux et trois tiroirs séparés par des frises; celle du milieu a autant de portes et de tiroirs. Les portes, de forme monumentale, sont ornées de statuettes de déesses placées dans des niches entre des colonnes à chapiteaux. Des pilastres, supportant un entablement avec galerie à balustres et vases, complètent la décoration de la façade du milieu. La partie supérieure du meuble, également ornée de trois niches avec statuettes de déesses, est couronnée d'une galerie au milieu de laquelle s'élève un cartouche à blason que soutiennent deux petits Amours. Ce meuble est entièrement couvert d'incrustations d'ivoire sur ébène, figurant des amours, des corbeilles de fruits et de fleurs, des oiseaux, des animaux fantastiques, des têtes de mascarons, enfin des motifs d'arabesques et de rinceaux; — riches ornementations inspirées par les grands maîtres de la Renaissance en Italie.

2 -- Autre Meuble semblable au précédent.

3 — Très-beau Meuble à deux corps de forme monumentale, en ébène et ivoire en relief. La partie basse est à deux vantaux ornés de médaillons représentant des jeux d'Amours et à tiroir décoré de frises à chimères et têtes de mascarons en ronde-bosse. La partie supérieure est à trois portes, celle du milieu cintrée du haut offre une figurine de femme dansant sous un dais à baldaquin et s'ouvre en découvrant une niche à cinq tiroirs superposés; aux portes des côtés sont de petits Amours encadrés de frises. Ce meuble est couronné par un fronton à armoirie, avec galeries à balustres. Tous les ornements sont d'ivoire sculpté en relief et à jour.

4 — Bibliothèque-Bureau. — Meuble de forme élégante à deux corps; la partie supérieure, couronnée d'un fronton, est à portes vitrées au-dessous desquelles une porte s'abattant forme bureau à niche et à quatre tiroirs. Ce meuble, qui repose sur une console à deux tiroirs supportée par quatre pieds à balustres reliés en X, est enrichi de plaques d'ivoire gravées à sujets de chasses, de rinceaux, de rosaces et de filets d'une riche ornementation.

5 — Autre Bibliothèque-Bureau semblable à la précédente.

6 — Jolie Bibliothèque à deux portes vitrées, encadrées de frises et de médaillons à fleurs en ivoire incrusté sur ébène, d'un travail précieux et d'un goût d'ornementation d'une exquise délicatesse.

7 — Autre Bibliothèque semblable à la précédente.

8 — Bureau-Cabinet en ébène et ivoire couvert d'incrustations : frises, rinceaux, animaux chimériques et médaillons. Ce joli meuble est posé sur quatre pieds reliés en X ; la partie supérieure est à quatre portes et six tiroirs.

9 — Autre Bureau-Cabinet, analogue au précédent, avec incrustations d'ébène sur ivoire.

10 — Table de forme carrée allongée à tiroir et pieds à balustre reliés par un X. Sur le dessus, au centre, est une plaque en ivoire gravé, représentant Apollon sur son char. Des rosaces, des rinceaux à feuillage et des filets sont incrustés sur l'ébène alterné de palissandre.

11 — Autre Table reproduisant les mêmes motifs d'ornementation en incrustations d'ébène sur ivoire.

12 — Petit Bureau de dame à quatre pieds. Le dessus est couvert d'un velours grenat encadré d'une frise à arabesques et feuillages en ivoire incrusté sur ébène.

13 — Autre Bureau analogue au précédent; dessus en velours bleu, ornements en ébène incrusté sur ivoire.

14 — Table de jeu à damier en ébène et ivoire. Elle repose sur quatre pieds tournés et à huit pans dans le milieu. Le dessus est orné d'une plaque représentant un satyre gardant des chèvres, de médaillons à figures encadrées de frises et d'arabesques à feuillages.

15 — Autre Table de jeu à damier, analogue à la précédente, avec ornements d'ébène incrusté sur ivoire.

16 — Table à quatre faces reposant sur pieds reliés par
des traverses en X de forme contournée. Le
dessus est décoré au centre d'une grande plaque
d'ivoire représentant le Triomphe d'Amphitrite,
avec encadrement de filets à perles de nacre ;
aux angles sont des médaillons figurant des jeux
d'enfants.

17 — Autre semblable à la précédente.

18 — Jolie glace de forme monumentale posée sur une
console à pans coupés et à tiroir. Riche ornementation en ivoire sur ébène.

19 — Autre glace de même forme avec sa console. Ornements d'ébène sur ivoire.

20 — Un Canapé en ébène et ivoire. Le dossier est divisé
en trois compartiments séparés par des montants
à balustre et ornés de plaques en ivoire gravé
représentant des personnages en costume du
XVIᵉ siècle, placés sous des portiques à rinceaux
et feuillages.

21 — Deux Fauteuils analogues au Canapé.

22 — Six Chaises, de même goût d'ornementation et de
même travail, pourront être divisées sous ce
numéro.

23 — Six Chaises à dossiers à jour surmontés de frontons
en bois sculpté et ornées de médaillons à figu-
rines d'Amours, de frises à rinceaux, vases, caryatides, etc., ornements d'ivoire sur ébène. Elles
seront vendues par deux.

24 — Petit Cabinet italien en ébène et ivoire avec sa table
console. Il s'ouvre à deux portes et à deux tiroirs
d'une riche ornementation. — L'intérieur se
compose de dix autres tiroirs décorés de rinceaux

et d'une porte sur laquelle est une plaque d'ivoire
gravé représentant un portique à baldaquin orné
des statues de Mercure, de Vénus et d'Hercule.

25 — Autre Cabinet de même forme que le précédent.
L'intérieur est orné de plaques d'ébène incrusté
sur ivoire.

26 — Petit Cabinet italien en ébène et ivoire, porte à
deux battants ; l'intérieur est à porte monumentale et à tiroirs. — Il est décoré d'un grand
nombre de plaques d'ivoire gravé représentant
des figures mythologiques, des chasseurs, des
animaux, des paysages, etc.

27 — Cabinet italien en ébène incrusté d'ivoire à porte
monumentale surmontée d'une galerie à balustres et à tiroirs. Riche ornementation à rinceaux.

28 — Grand Cabinet en écaille et ébène guilloché à porte
monumentale et à tiroirs, avec figures et ornements en bronze ciselé et doré.

29 — Très belle Table enrichie de rosaces et d'arabesques
à damier et reposant sur pieds en X reliés par
une traverse de forme contournée. — Travail
italien dit Certosina, dans le goût des anciens
chartreux.

30 — Six Escabeaux en Certosina, incrustations à rosaces
en ivoire sur noyer.

# BOIS SCULPTÉS

31 — Quatre très-beaux encadrements en bois sculpté et doré, posés sur leur console à dessus de marbre blanc. Riche ameublement de salon du temps de Louis XVI.

32 — Deux petites Consoles d'encoignure en bois sculpté et doré ; époque Louis XVI.

33 — Six Escabeaux en bois sculpté à caryatides, têtes de mascarons et rinceaux à feuillages. — Siége de forme octogone. — Beau travail italien dans le style de la Renaissance.

33 — Deux jolies Glaces avec encadrements en bois, finement sculptés et dorés, d'une ornementation très-élégante dans le goût de Berain.

35 — Six Miroirs d'applique à encadrements en bois sculpté ; époque Louis XIV. Ils seront vendus par deux.

36 — Deux petits Miroirs ; encadrements à frontons en bois sculpté et doré ; époque Louis XIV.

# MARBRES
## Lustre, Tapisseries, Faïences

37 — Marbre blanc. — Buste de jeune Femme, la tête ceinte d'une couronne de laurier, travail du xviii^e siècle.

38 — Marbre blanc — Buste de jeune Femme du temps
de Louis XV.

39 — Autre Buste de jeune Femme, même époque.

40 — Beau et grand Guéridon en mosaïque de marbres
de nuances variées ; au centre un tableau en
mosaïque représentant un chasseur sur des
rochers, pieds en bois sculpté et doré.

41 — Bas-relief en ivoire sculpté d'après le chef-d'œuvre
de Bernardo Luini qui se voit à Lugano. Cadre
en ébène orné de pierres dures, lapis et agates.

42 — Beau Lustre à 48 lumières en bronze ciselé et doré,
orné de pendeloques en cristal taillé d'après les
anciens modèles de cristaux de roche.

43 — Dix Tapisseries des Flandres du xvi<sup>e</sup> siècle, à sujets
de chasse, avec belles bordures à figures et orne-
ments ; seront divisées sous ce numéro.

44 — Grande Fontaine italienne de forme ovoïde en
cuivre jaune ; anse formée d'une caryatide, goulot
et robinet à mufles de lion.

45 — Un Porte-Brazero en fer forgé, peint et doré, reposant sur quatre pieds.

46 — Autre semblable.

47 — Deux vases à anses et goulot, en faïence d'Urbino,
entièrement couverts d'arabesques.       .

48 — Grand Vase à couvercle en faïence de Lodi ; décor
polychrome ; style rocaille, daté 1776.

49 — Petit Vase à anse avec couvercle à jour. — Faïence
de l'Italie du Nord.

50 — Buire en faïence milanaise ; décor polychrome.

51 — Deux Verrières en porcelaine dite à la Reine.

52 — Deux autres.

53 — Deux Potiches en faïence de Delft ; décor à fleurs
et oiseaux en camaïeu bleu.

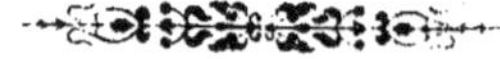

Renou et Maulde, imprimeurs de la Compagnie des Commissaires-Priseurs,
rue de Rivoli, 144.          19062